meet
China

透过文化细节，认识真实中国

MEET CHINA · THIS IS CHINA

这里是中国

"认识中国"编写组 编著

北京语言大学出版社
BEIJING LANGUAGE AND CULTURE
UNIVERSITY PRESS

©2015 北京语言大学出版社，社图号 14359

图书在版编目（ＣＩＰ）数据

这里是中国 /《认识中国》编写组编著 . -- 北京：
北京语言大学出版社，2015.2（2020. 3 重印）
（认识中国）
ISBN 978-7-5619-4083-9

Ⅰ . ①这… Ⅱ . ①认… Ⅲ . ①中国 - 概况 - 青少年读
物 Ⅳ . ① K92-49

中国版本图书馆 CIP 数据核字 (2015) 第 030857 号

本书图片主要来自 CFP 汉华易美、fotoe、全景视觉等图片库

这里是中国
ZHELI SHI ZHONGGUO

项目策划：上官雪娜　　　　　　　　责任编辑：成　蕾
装帧设计：鑫联必升文化发展有限公司　　责任印制：周　燚

出版发行　北京语言大学出版社

社　　　址：北京市海淀区学院路 15 号，100083
网　　　址：www.blcup.com
电子信箱：service@blcup.com
电　　　话：编辑部　8610-82303392
　　　　　　发行部　8610-82303650/3591/3648（国内）
　　　　　　　　　　8610-82303365/3080/3668（海外）
　　　　　　读者服务部　8610-82303653
　　　　　　网购咨询　　8610-82303908
印　　　刷：北京博海升彩色印刷有限公司

版　　次：2013 年 3 月第 1 版　　　　印　　次：2020 年 3 月第 2 次印刷
　　　　　2015 年 2 月第 2 版
开　　本：787 毫米 ×1092 毫米 1/16　　印　　张：6.25
字　　数：74 千字
定　　价：42 元

PRINTED IN CHINA

前　言

　　"认识中国"是一套向青少年介绍中国基本文化主题的系列图文书。第一辑共9本，涉及中国地理、历史、艺术、文学、科技、制度、思想等多个方面。首批图书均为宏观主题，撰写时尽量从青少年认知角度出发，以短小精悍的篇幅勾勒宏大文化脉络，遵循事物逻辑，详述原理推导，注重细节描述，从而实现以小见大的目的。我们反复打磨文字以做到言之有物，精挑细选图片以实现图片认知价值，努力做到知识性与趣味性相结合，期待以用心打造的图文世界为青少年读者们打开一扇认识中国文化的小窗，并真正获得愉悦而美好的阅读体验。

　　《这里是中国》是"认识中国"系列图文书的第一本，将带你开启认识中国的奇妙旅程。全书共分为3个部分，从你所熟悉的13个文化符号开始勾勒中国轮廓，再带你到中国各地领略美不胜收的风景，北至一片雪原的北国，南至一片热带风光的海南，边走边看的同时，还能了解中国的自然与文化遗产。我们希望本书能带给你身临其境的阅读感受，让你身在屋中，眼睛和心灵却已随书远行。

"认识中国"项目组

巫峡

目录 contents

写在前面的话

在这本书的开篇，先让我们看看中国在哪里。

中国，位于北半球的亚洲东部、太平洋西岸，陆地面积约为960万平方公里，差不多同整个欧洲一样大。

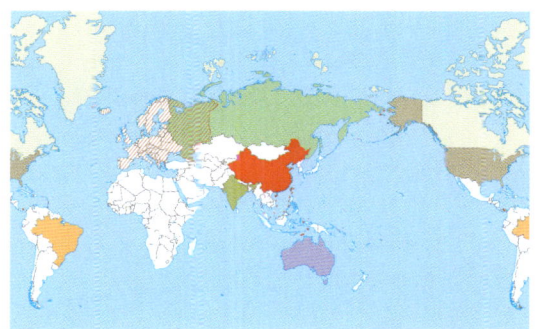

图上红色的部分就是中国，她的形状像不像一只公鸡？

中国的历史很悠久，经历了多个朝代和不同的历史时期。1949年至今称为"中华人民共和国"，国旗为"五星红旗"。

在地图上可以看到，与中国陆地接壤的国家有 14 个。

中国的北部是沙漠和森林；西南部是连绵的高山，著名的青藏高原就在这里；东部和南部面对着太平洋，有长长的海岸线，约 1.8 万多公里。

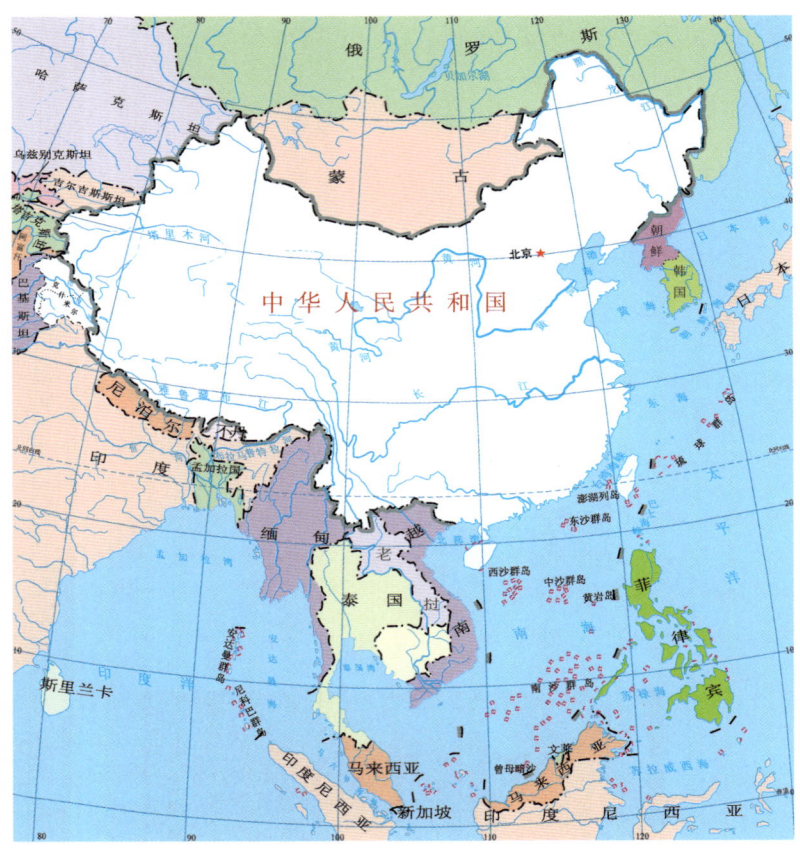

如果人们聊起法国，大多会提到埃菲尔铁塔、凯旋门、巴黎时装、香水……如果聊起美国，自然是自由女神像、白宫、华尔街、好莱坞、NBA……那么，中国呢？

下面这些通常被认为是中国的标志物，或者称为中国符号。我们就从这些符号开始认识中国之旅吧。

大熊猫

　　大熊猫的故乡在中国。据说这种动物在地球上已经生活了 800 万年。不过，现在它的家族成员只有 1000 多只了，所以它们绝对是中国的国宝。

　　大熊猫虽然是一种很"老"的动物，但长得却非常可爱。圆圆的身子，黑黑的眼圈，憨态可掬，人见人爱。

刚出生的大熊猫幼崽是粉红色的，不久之后，它的眼睛四周、耳朵和腿上开始长出黑色的毛。

大熊猫的主食是竹子，不过，这种动物的祖先可是名副其实的肉食动物。

大熊猫

小熊猫

中国四川的卧龙自然保护区里生活着大约150只大熊猫。另外，这里也是小熊猫的家园。

大熊猫的主食是竹子，白天，它们大部分的时间都在吃竹子。一只体重100公斤左右的大熊猫每天要吃十几公斤竹子。它们的主要栖息地是中国的四川、陕西和甘肃的山区，那里树木茂盛，盛产竹子。

1961年，世界自然基金会成立，选用大熊猫的形象作为自己的徽标。

世界自然基金会徽标

1961年，大熊猫'姬姬'（Chi Chi）到英国伦敦动物园借展，引起了轰动。"姬姬"就是世界自然基金会徽标的原型。

　　一早醒来，你像往常一样端起一杯咖啡。这时，你也许就会与中国符号相遇，因为瓷器是中国人发明的。在英语中，"china"与"China"是两个拼写完全相同的词，把它们联系在一起其实并不困难。

　　中国生产瓷器的年代，最早可以追溯到3000多年前。到了1000多年前，制瓷业已经非常繁荣了。那时的瓷器如果完整保存到今天，将是一件价值连城的艺术品。

汝窑莲瓣纹碗 北宋

青花缠枝花卉纹盘 明　　　　　白釉红彩缠枝莲纹瓶 清

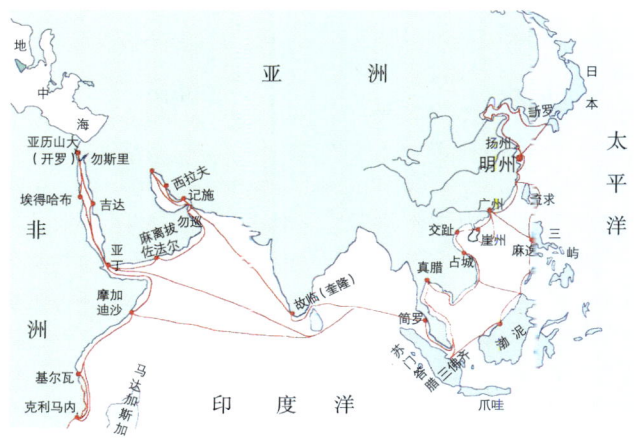

陶瓷之路

　　在上千年的历史中，中国瓷器通过陆路和海路源源不断地运往世界各地，海路上还形成了陶瓷之路。在陶瓷之路沿线，沉睡着许多古代的沉船。从一艘约 800 年前沉没的中国古船上，人们打捞出大量精美瓷器，其中有一些与传统的中国瓷器风格完全不同，专家们揣测这是当时国外的定制瓷器。这一说法让人忍不住联想：世界各地究竟还流散着多少中国制造的瓷器呢？

这只青釉印花菊瓣纹盘出水于"南海一号"。"南海一号"发现于1987年，是一艘南宋初年的沉船。

丝绸之路

楼兰，是丝绸之路上的重要古国。曾经繁华热闹的城市，今天在中国新疆罗布泊西部只留下几处古城的遗迹。

陶瓷之路也称为海上丝绸之路，这个名字来源于那条穿越欧亚大陆的著名路线——丝绸之路。2000多年前，商人们就在这条路上从事着"国际贸易"，把中国的物品运送到西方，也把西方的物品带入中国。在带出去的物品里，最受欢迎的是丝绸，丝绸之路因此得名。

即使在今天来看 丝绸依然是一种华美而舒适的织物。根据最新的考古发现，5000 年前的中国人就已经掌握了治丝的方法。

浙江河姆渡遗址发现的一件 7000 年前的骨器上有清晰的蚕纹图案，专家判断这和蚕是人工饲养的蚕。

当时的中国人能想到用蚕丝来织成衣物，这的确是富有想象力的。更让人好奇的是，蚕丝的直径只有 0.005 毫米，它是如何被抽出来的呢？如果你觉得这个数字太抽象，可以换一个说法，蚕丝的粗细相当于一根头发的十分之一。从一个拇指大小的蚕茧中能抽出的蚕丝有 1000 多米长！

宫蚕图卷（局部）明 仇英绘

汉字

　　瓷器与丝绸很早就从中国传播出去，今天仍是人们的日常用品，可以说是古老中国对世界做出的贡献。而中国的文字——汉字则影响了亚洲周边国家。对于欧美人来说，汉字很有趣，像图画一样，但对于日本人或韩国人来说，它却并不陌生。所有"汉字文化圈"里的国家都曾经或正在使用着汉字。

　　已知最早的系统汉字为商代的甲骨文，这是一种刻在龟甲或者兽骨上的文字，后来镌刻在青铜器上的铭文叫金文，秦代汉字统一为小篆，直到汉代隶书发展成熟，"汉字"才被正式命名。

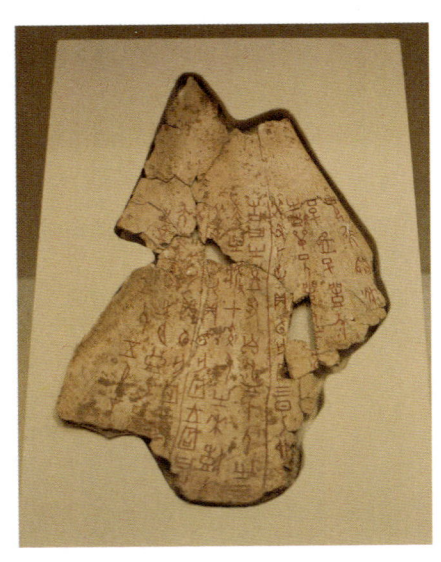

这是一块出土于河南安阳的牛骨，上面的刻痕就是甲骨文。

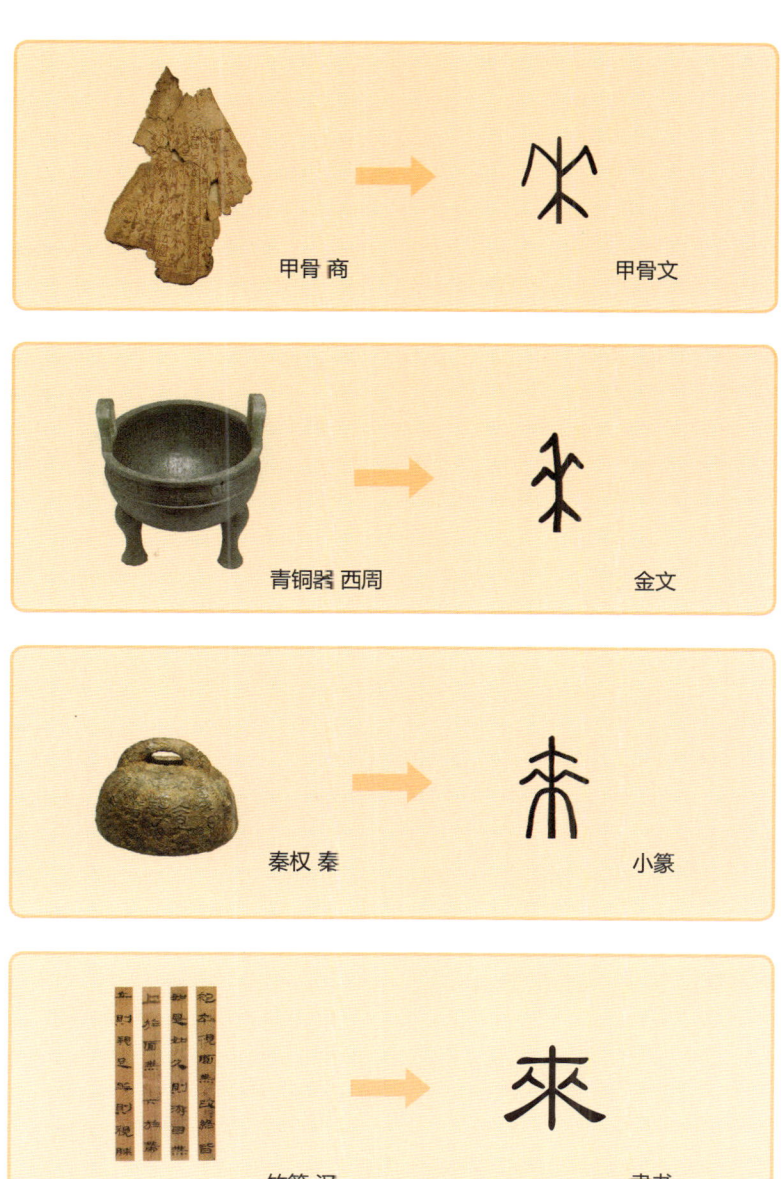

甲骨 商 　　　　　　　甲骨文

青铜器 西周 　　　　　　金文

秦权 秦 　　　　　　　小篆

竹简 汉 　　　　　　　隶书

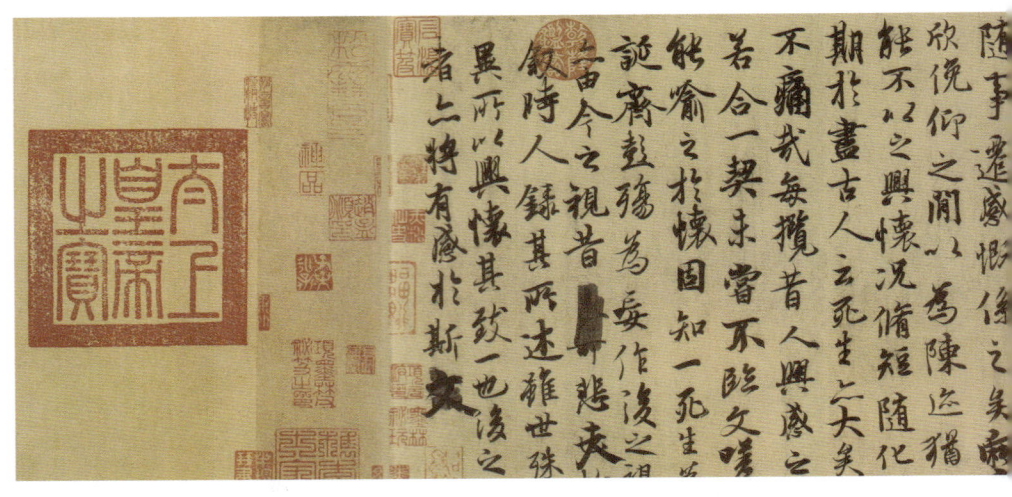

现在的汉字有两种形式，简化字和繁体字。不管是简化字还是繁体字，都有基本的构成单位，称为笔画；有固定的书写顺序，称为笔顺。所以，汉字虽然看起来像画儿，但它有一定的书写规则，是写出来而不是画出来的。

简化字

繁体字

这是今天中国人使用的汉字。中国大陆以简化字作为规范汉字，香港、澳门和台湾地区使用繁体字。

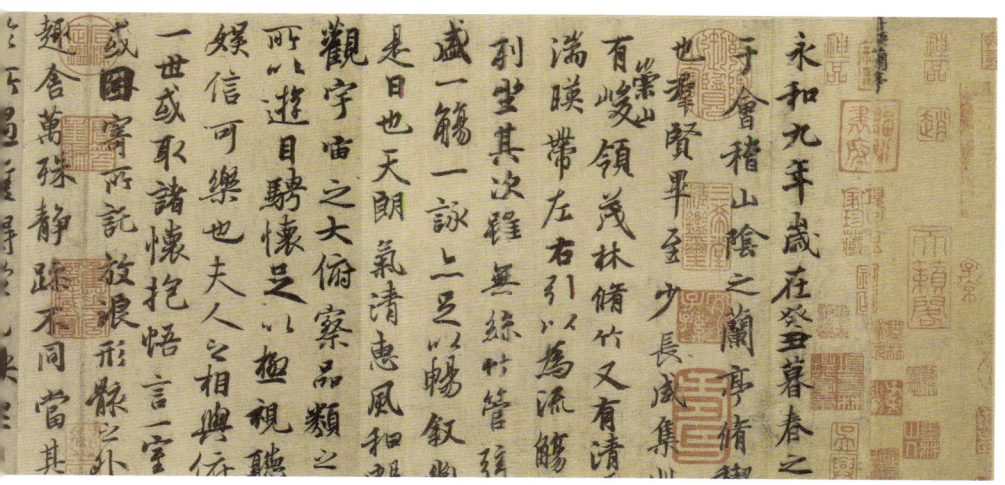

兰亭集序 神龙本（局部） 唐 冯承素书

王羲之的《兰亭集序》被誉为"天下第一行书"，真迹已经失传。目前流传最广的是神龙本《兰亭集序》。

中国漫长的历史因为有汉字而被完整地记录下来。今天的中国人仍然可以通过甲骨文了解距今3000多年的商代的时代风貌。另外，这种表意性很强的文字对中国人思维方式的影响也是非常深远的，因此，中国人历来有崇拜汉字的传统。

当汉字的书写变成一种艺术时，中国人称它为"书法"。无论是一笔一画写得很端正的楷书，还是笔画连绵的草书，抑或是介于两者之间的行书，都极具美感。

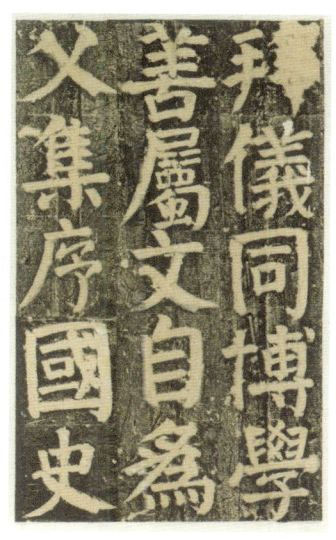

颜家庙碑 唐 颜真卿书

中国龙

　　龙是中华民族的图腾，但在真实世界中却并不存在。对大自然充满敬畏的远古人把九种动物融合在一起，塑造出了这种神秘而无所不能的动物。

　　虽然世界上很多地方都有龙崇拜，但中国龙有着自己的独特象征。大旱的年份，人们都会去拜龙王庙，祈祷龙王播云布雨，洒下甘霖，为干涸的

黄河龙王庙

北海公园九龙壁（局部）

大地带来福音。万能的龙在中国古代还有更重要的象征——皇帝——这个国家的最高统治者被称为真龙天子。如果你穿越到中国古代，遇到了穿着龙袍的人，那个人很可能就是皇帝。

故宫里的龙

北京故宫

龙是皇权的象征，所以中国龙出现最多的地方是古代的皇宫。今天保存最完整的古代皇宫是北京的故宫，15世纪初至20世纪初的近500年里，皇帝们都在这里生活。

北京故宫是中国的标志性建筑，红色的外墙，黄色的屋顶，庄严而气派。但一个重要的细节可能被错过了。仔细观察你会发现，故宫的建筑都是由木头搭起框架，并采用一种称为榫卯的结构来连接，上面没有一根钉子！

　　游览北京故宫，不建议在炎热的夏天，因为长长的前朝几乎连一棵可以遮阴的树都没有。这是为什么呢？有一种说法是，人们朝见皇帝时，经过一道又一道门，登上一座又一座大殿，在纯粹的建筑空间中，才能充分感受到至高无上的权威。

北京故宫共有 8000 多间房屋，分为前后两部分：前面是办公的地方，称为前朝；后面是居住的地方，称为后宫。前朝的宫殿宏伟壮丽，而后宫庭院幽深，花园多，佛堂也多。

前朝

后宫

　　如果说北京故宫呈现出的是庄严，那么在中国更古老的皇城——西安，我们可以感受到另一种震撼。20 世纪 70 年代，西安郊区挖掘出一支震惊世界的"军队"，它们在地下已经站立了 2000 年。考古学家把它们称为兵马俑。

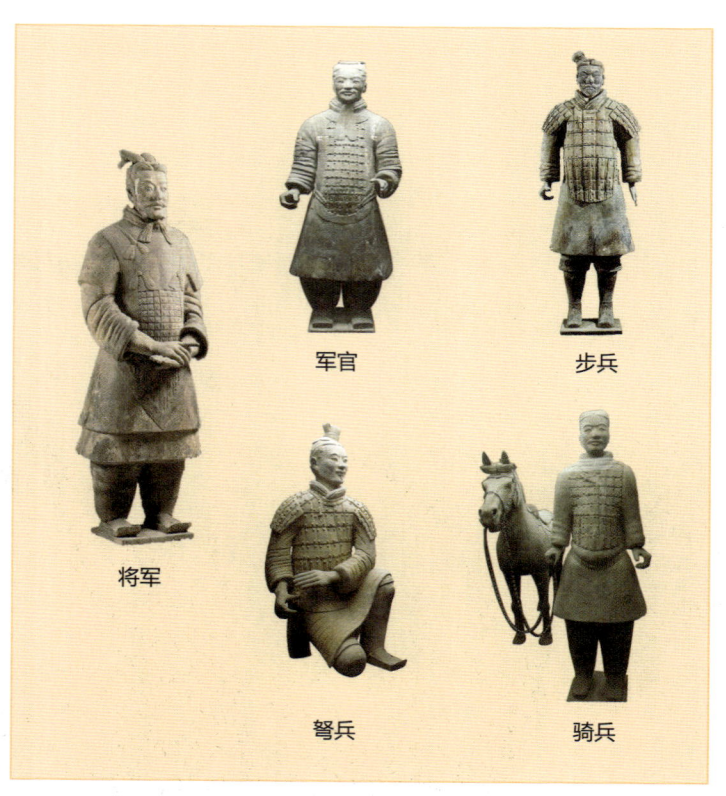

军官   步兵

将军

弩兵   骑兵

　　远看，它们有着惊人的数量，气势雄壮；近看，它们有严格的布阵——指挥官、步兵、骑兵、车兵、弩兵，严阵以待。这些用泥烧制而成的陶俑，大小与真人无异，每个俑的样貌都不相同，就好像一个真实的军团被埋到了地下。兵马俑的写实风格令人震撼。

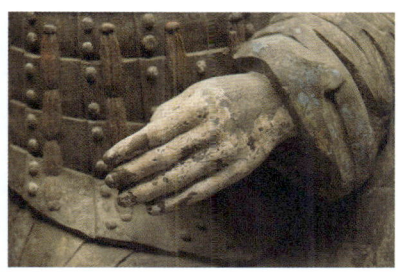

　　为什么会有这样不可思议的兵马俑群呢？答案不知是否让你感到吃惊：这是中国第一位皇帝——秦始皇的陪葬品。

长城

公元前 221 年，秦始皇打败当时其他六个小国，统一了中国，建立了秦朝。他把自己称为始皇帝，也就是帝国开始的第一个皇帝，希望可以万代相传。谁知到他儿子手上，秦朝就灭亡了。秦始皇建立的帝国历史很短，但他当政期间，却做出了很多影响中国历史的大事，其中之一就是修长城。

长城并不是从秦朝才开始修的，在秦统一中国以前，北方的几个国

山海关

家就已经有了这种人工修建的军事屏障。秦始皇下令把它们连起来，变成了一道真正的"长"城。

　　有必要说明的是，今天大多数人登上的长城也不是秦始皇修的。秦始皇的功绩在于，他影响了后来的中国皇帝，他们不断地延续这种军事策略——修长城。目前保留的长城大多是600多年前的明朝修建的，它从东部的山海关到西部的嘉峪关，绵延一万多里（"里"是中国的长度计量单位），所以现在的长城被称为"万里长城"。2009年，中国最新的测量报告显示，明长城的实际长度是8851.8公里（相当于17703.6里）。

嘉峪关

现在，你已经了解了好几个与中国有关的重要关键词：大熊猫、瓷器、丝绸、汉字、中国龙、北京故宫、兵马俑、长城。下面我们该认识几个有代表性的中国人了。

姚明

他是姚明，一个曾经在美国NBA打篮球的中国人。据说很多人是因为姚明而知道中国的。

身高 2.26 米的姚明，别号"小巨人"。从中国的上海到美国的休斯顿，姚明以高超的球技受到了许多球迷的喜爱。姚明的童年和青少年时期一直都生活在上海。这是中国最大的城市，也是中国现代化程度最高的城市之一。

像很多中国的年轻人一样，姚明喜欢读武侠小说，书里面的人差不多都会功夫。姚明说，他从中学到了打球的哲学。

2011 年 7 月 20 日，姚明宣布正式退役。退役之后，他将更多的时间投入到了慈善事业中。

上海外滩

上海世博会中国国家馆

　　小说里的神奇功夫常常出自小说家的想象，但中国功夫的确存在。如果你对功夫并不感到陌生，那大概得益于一个人——李小龙，因为他，"Kung Fu"这个词被写进了英文词典。即使已经离开人世几十年，李小龙依然是很多人心中的偶像。

　　为什么李小龙会有无数的崇拜者呢？这显然不能简单地用强悍的体能来解释。从小就习武的李小龙，在综合各家的功夫后，创立了截拳道，并提炼出一套完整的功夫哲学，在与自身气质的融合中，体现出功夫无穷的魅力。

　　事实上，所有高超的功夫都不是单纯的动作。中国人说"练武不练功，到老一场空"，也就是说，虽然外在的动作需要长期的练习，但如果没有内在力量的积累，就练不成真正的功夫。

这些看起来不可思议的动作，如果没有内在的力量，怎么可能做到呢？

　　功夫的练就需要时间和天分，所以在真实生活中，会功夫的中国人也只是极少数。实际上，在中国传统思想中，"习武"远远比不上"读书"重要。这里的"读书"，今天可以理解成上学，而在古代中国，则是指读专门的一类书，只有读好这些书，才有可能功成名就，获得较高的社会地位。而这些观念的形成与2000多年前的一个中国人有密切的关系。这个人就是孔丘，中国人尊称他为孔子。

孔子圣迹图 清 焦秉贞绘

　　孔子生活的年代，小国林立，战乱不断，社会动荡，但思想却极其活跃，影响中国历史的伟大思想家几乎同时出现在这一时期。他们开放地表达自己的思想，传播自己的学说，那真是一个群星灿烂的时代。

　　孔子是这群伟大思想家中的一个。他是个务实的人，积极地向多个国家推行自己的治国想法。所以英国哲学家罗素说，孔子不是宗教家，而是个注重实际的政治家。此外，在家庭伦理和个人修养方面，孔子也有一套独立的价值体系。

山东曲阜孔庙

　　中国后代的君主非常推崇孔子的想法，并不断延续和完善他所创立的这一学说。在漫长的历史中，这些价值观念渗透到中国人日常生活的方方面面，也影响了中华民族的性格。这一影响深远的思想就是儒家思想。

　　儒家思想在生活中很重要的体现就是中华民族的传统节日。中国的传统节日大多是按农历而不是世界通用的公历来确定的，其中最广为人知的是春节。

春节一般在每年公历的一二月份，正是冬天最寒冷的时候。但不管天气多冷，交通多拥堵，中国人都会回家。因为对绝大多数中国人来说，春节回家就像是一个重要的仪式，表明旧的一年过去了，新的一年开始了。因此，过春节也俗称为"过年"。

和世界各国的节日一样，中国的春节也有很多习俗，比如放鞭炮、贴春联、挂年画、逛庙会，等等。不过，不管你参与什么活动，一定会发现到处充满了红色：鞭炮是红色的，春联是红色的，年画是红色的，庙会上的很多物品也都是红色的。在中国人眼中，红色是让人喜悦的颜色，是正面的、积极的。这种美好的情绪在亲人之间传递，就把上一年的不如意都留在了过去，新的一年则充满了希望和可能。

由此你可以理解，在中国，团聚本身就是一种仪式，是儒家思想中"家和万事兴"的直接体现，大多数中国节日都与这种思想有关。

爆竹生花 清 王承勋绘

饺子

年糕

中国是个非常注重饮食的国家，节日里的饮食就更重要了。团聚的中国人一定要吃一顿团圆饭，这几乎是所有节日仪式里都不可缺少的部分。

很多人知道中国人过年要吃"饺子"，不过这句话只说对了一半。中国北方人过年的确吃饺子，饺子的发音有某种寓意，表明旧的一年过去、新的一年到来。不过南方人并没有这个习俗，他们大多会选择吃年糕。有趣的是，年糕的发音里也有某种寓意，表明一年比一年好。

从饺子和年糕的差异就可以看出，由于中国地域广阔，各地的饮食风格千差万别。有人曾经总结为"南甜北咸东辣西酸"，但这句话也容易引起误解。比如西南部的匹川，其实是以辣菜而闻名天下的。为了梳理中国菜，也曾经有匹大菜系、八大菜系的分法，但同样很难穷尽中国各地的菜肴。有人尝试计算中国菜的种类，发现仅土豆一种食材，就能做出 2000 多道菜。

川菜 麻婆豆腐　　湘菜 剁椒鱼头

徽菜 火腿炖甲鱼　　鲁菜 葱烧海参

八大菜系的代表菜品（一）

苏菜 大煮干丝　　　　闽菜 佛跳墙

粤菜 广州文昌鸡　　　浙菜 东坡肉

八大菜系的代表菜品（二）

　　通过 13 个中国符号，我们勾勒出了一个中国的基本轮廓，但中国有句俗话说的好："百闻不如一见。"如果想更好地认识这个国家，必须到中国各地实地走一走。只有领略了各地的风土人情，才能更真切地了解这个国家。

还记得中国的陆地面积吗？约 960 万平方公里。所以，如果要穿越整个中国，无论自西向东还是自北向南，你都需要连续飞行 6 个小时。如果仔细观察，你会发现脚下的土地并不平坦。从西部到东部，中国的地形就像三级阶梯一样逐渐降低。

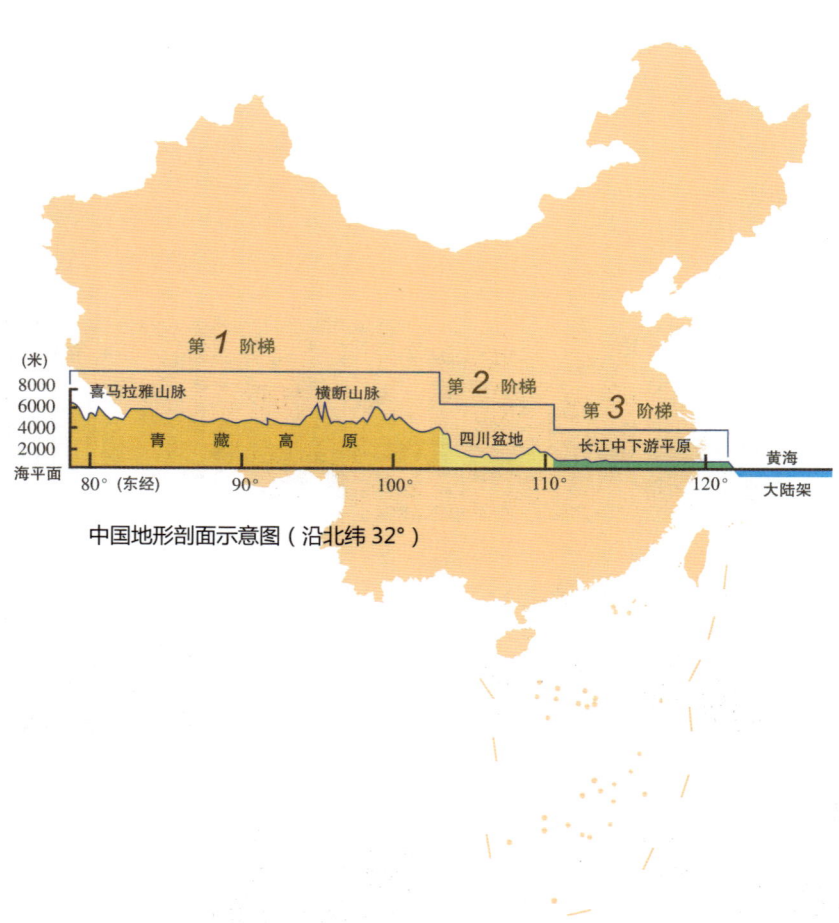

中国地形剖面示意图（沿北纬 32°）

这样一来，中国两条最重要的河流——长江（6397公里）和黄河（5464公里）——就顺着阶梯，一路从青藏高原流向太平洋。

长江是中国最长的河，也是世界第三长河，沿途穿过很多重要的城市，是名副其实的"长"江。

黄河的源头很清澈，但中途经过黄土高原，携带大量泥沙一路向东，成为一条真正的"黄"河。

西高东低、阶梯分布的地形不仅引导了两条大河的流向，也影响了中国的气候。来自东面海洋的降水，滋润着中东部的土壤，尤其是第三级阶梯上的东部平原，温和的气候与肥沃的土壤使人们很早就开始享受平静的农耕生活，这也使黄河中下游和长江中下游都孕育出了中国古老的文明。直到今天，这些地方仍是中国重要的农业区。

与此形成鲜明对比的是，第一级阶梯上的西北地区因为深处内陆而非常干旱。当东南沿海不断受到台风和暴雨的侵袭时，新疆火焰山的土地已经快要被太阳晒干了，炙热的地面轻易就能烤熟一个鸡蛋。

◀ 72℃！2011年6月22日，火焰山的地表实测温度。

　　强烈的对比也出现在北方与南方之间。每年 2 月，东北部的哈尔滨人裹着厚重的大衣在室外赏冰灯，而南方的广州人则套一件薄薄的毛衣就出门逛花市了。

由于巨大的地形和气候差异，划分为 34 个行政单位的中国各地拥有不同的特色以及不同的生活习俗。比如，在气候温暖湿润的南方，人们种植水稻，喜欢吃大米。在低温干旱一些的北方地区则种植小麦，那里的人们能用面粉做成各种花样的面食。这种种差异被中国人归纳为一句话："一方水土养一方人。"

水稻

粥

米饭

小麦

面条

包子

中国人常吃的主食

一方水土养一方人，为了深刻体会这句话，让我们在广阔的中国大地上走一走吧。

出发前，先浏览一下我们的路线图。

旅行路线：

漠河→呼伦贝尔→泰山→壶口瀑布→青海湖→新疆→西藏→丽江→九寨沟→长江三峡→黄山→宏村→苏州园林→桂林山水→台湾岛→海南岛

　　漠河，中国最北端的小城，它背靠着中国最大的原始森林——大兴安岭。在这里，你的视线将被绿色覆盖……

　　可惜的是，一年中的大部分时候，这片绿色的海洋都会被冰雪覆盖。

漠河每年有七个月的气温都在零摄氏度以下，绿色在这里短暂而珍贵。所以，要看漠河的绿色就要选择夏天。运气足够好的话，你还能在北极村看到美丽的北极光。

当然，漠河零下 40 度的冬天，也并不像想象的那么可怕。天气虽然无比寒冷，但人们的欢乐却一点儿都没有减少。

北极村里到处是大大的"北"字，提醒着游客们，这里是中国的最北端。

呼伦贝尔

　　离开寒冷的漠河，穿过广袤的森林，视野慢慢开阔起来——呼伦贝尔大草原展现在眼前。风吹过的地方，一群群牛羊出现在草丛间。

　　呼伦贝尔虽然是大草原，却得名于水，呼伦与贝尔是这里最有名的两个湖泊。3000多条河流和500多个湖泊滋养了呼伦贝尔浓密的草场，肥美的鲜草喂养了数不尽的牛羊。

　　呼伦贝尔还是中国蒙古族世代居住的地方，牧民们至今仍保留着许多民族传统习俗。特别是每年6月到8月的那达慕大会，蒙古族男子们通过射箭、摔跤和骑马来展现力量与智慧。

射箭   摔跤

骑马

射箭、摔跤和骑马在蒙古族中被称为"男儿三艺",是那达慕大会不可缺少的竞技项目。

　　离开草原，一路向南，越过长城，我们来到孔子的家乡山东省。在这里，我们要去登一座重要的山——泰山。

　　泰山并不高，与中国其他山峰相比，也远远称不上险，攀登的过程并不是特别困难。不过，当你爬上山顶，一定会感觉离天很近，仿佛整个世界都在你脚下。这得益于泰山主峰被群山拱绕的气势。秦始皇统一中国之后就多次登上泰山，在祭拜天地的同时也宣告自己是天下的主人。

秦始皇登山祭拜的行为在中国称为封禅，很多古代帝王都会这么做。除了泰山，还有四座山也常常用作封禅，它们被合称为"五岳"。泰山在五岳中地位最高。

　　泰山的尊崇地位不但吸引了古代帝王，也吸引了很多文人墨客。他们把泰山作为天然的工作室，在这里留下了许多石刻书法作品。有人做过统计，从公元前 200 多年至今，共有 1800 多处。

壶口瀑布

从泰山上下来，往北走就能看到黄河。黄河流到山东，河水已经变得缓和而宁静了，但在上游的壶口，你将看到这条河截然不同的另一面。

壶口就像它的名字一样，上宽而下窄。在这里，黄河的宽度由 300 米一下缩为 50 米。水量激增，奔腾而下，激起千层浪花，发出剧烈声响。

所以，一首有名的中国歌曲《黄河大合唱》这样形容黄河——风在吼，马在啸，黄河在咆哮。你要是足够有胆量，可以尝试站在离水流最近的石头上，听听黄河是怎样咆哮的。

有时，这里也是宁静的。扎着白手巾的陕北老人牵着毛驴从黄河岸边走过。

　　同样是水，壶口瀑布表现的是动的极致，而躺在黄河源头不远处的青海湖则展示出宁静的美——远处的雪山与天上的白云似乎很难分开，而湖水则比天空更蓝。

　　青海湖在藏语里的意思是"青色的海"。湖的四周被四座高山环抱，更有几十条河流源源不断地将河水注入湖中。

　　七、八月里，油菜花开遍湖畔，为蓝色的天地间抹上一笔金黄。湖西的鸟岛更是热闹非凡，一派生机，是鸟儿们的天堂。

从蓝色的青海湖继续向西北行进，进入新疆，天地的颜色就彻底改变了。还记得火焰山的高温吗？在四分之一土地被沙漠覆盖的新疆，水的故事更加精彩。

胡杨树靠着沙漠下仅有的一点儿地下水顽强地活了下来。为了汲取水分，它们把根扎得极深，所以即使干枯也不会倒下！

　　在靠近雪山和河流的吐鲁番，人们挖沟凿渠，引来雪山融水，在沙漠中建起了葡萄沟这样的绿洲。

　　享受着充足的日照和清凉的雪水，葡萄沟种出的葡萄分外甜。

珠穆朗玛峰是喜马拉雅山脉的主峰，海拔 8844.43 米。

在中国西南的西藏，雪山不再孕育绿洲，而是自成风光。西藏边缘的珠穆朗玛峰是地球上最高的地方，登上珠峰顶端是很多人的梦想。

被藏族人视为"神灵之山"的冈仁波齐峰虽然高度比不上珠穆朗玛峰，却神圣不可侵犯，至今都无人登顶。若能有幸看到常年云雾缭绕的冈仁波齐峰峰顶，在当地人眼中已是极为难得的福气。

在西藏，像珠穆朗玛和冈仁波齐这样海拔 6000 米以上的雪山有近80 座，每一座都有自己的风景和故事。

西藏还是中国湖泊最多的地区，1000 多个大小不一、风景各异的湖泊分布于群山莽原之间，其中既有淡水湖，也有咸水湖，许多珍贵的野生动物经常成群地在湖边出没。

纳木错是世界上海拔最高的大型湖泊，在藏语里，它的意思是"天湖"。

藏野驴是青藏高原特有的动物，常常被人们称为"野马"。

为了朝拜神圣的雪山，人们千里跋涉。而在云南省的丽江古城，人们抬抬头，雪山就在眼前。

丽江古城有 800 多年的历史，整个小城没有城墙，一条古老的供水系统联结起各家各户，门前屋后，流水潺潺。

来到丽江，你会感到时间瞬间慢了下来。当地纳西族人的一天总是很长，养花种草，喝茶聊天，欢歌乐舞。

　　一位记者曾问一位纳西族老人："这里的生活节奏是不是太慢了？"老人说："每个人生下来就在奔向人生的终点，何必走得那样快呢？"

九寨沟

　　告别被时间眷顾的丽江，我们向北来到四川九寨沟。还记得吗？四川是大熊猫的家乡。运气好的话，你也许能在这里和大熊猫不期而遇哦。

　　当然，即便巧遇没有发生，你也不必有丝毫遗憾，因为你来到的是像童话一样的美丽世界。

这是熊猫海，因大熊猫经常来这里喝水而得名。

　　九寨沟的风景就像一幅幅天然的油画。画家们如果来到这里，只会懊恼自己的调色板实在太过单调，无论如何也调不出眼前这么丰富的色彩。

　　至于九寨沟奇幻的色彩是如何产生的，你不妨去探究一下。不过，在当地人心中，这一切都是上天的恩赐。

长江三峡

离开九寨沟绚烂的美景，我们沿着长江顺流而下。漫长的行程中，无数景色从两边掠过，但其中有三段著名的峡谷却不能错过，它们合称为"长江三峡"。

瞿塘峡、巫峡、西陵峡，中国古人已经留下了很好的总结词：瞿塘峡雄伟，巫峡秀美，西陵峡险峻。是否如此，还需要你来感受。

瞿塘峡

巫峡

西陵峡

　　游览三峡，人坐在船中，而眼睛看的是两岸的山峰，三峡是由一个连着一个的山峰串联起来的。从不同角度看不同的山峰巨石，正是游览三峡的一大乐事。

巫峡的神女峰得名于山上的巨石，远远望去，它像不像一个亭亭玉立的少女呢？

长江奔流出三峡，继续向东流淌，进入中部省份安徽。有着中国"第一奇山"之称的黄山，就坐落在安徽南部。

黄山究竟有多神奇？旅行家徐霞客（1587—1641）遍访各地名山，留下这样一句话：五岳归来不看山，黄山归来不看岳。意思是，看过黄山，其他所有的山都不用看、不想看了。

黄山真的有如此神奇吗？有人不信，他决定亲自去看看。当他登上某一处山峰时，终于叹服，黄山真是天下奇山。于是这座山峰被命名为"始信峰"。

云雾　云雾中的黄山，如果要形容，就像天然的中国山水画。就像眼前的这两幅，让人几乎难以分辨，哪幅是山水，哪幅是画儿。

松树　进入黄山，最早迎接你的是这样张开手臂的"迎客松"。据说它已经在这里站立了至少 800 年。它的根扎在石缝里，那么，养分是从哪里来的呢？

石头　这块石头就像从天外飞来，不偏不倚，正好落在下面的大石台上，于是得名"飞来石"。在黄山，这样的怪石随处可见。

宏村

黄山脚下分布着很多小村落，它们看起来都很相似，青山绿水，白墙黑瓦。但其中的宏村是最独特的。

宏村的古建筑保留得很好，所以你的眼光每到一处，都可能欣赏到好几百年前的杰作。

不过这依然不是它独特的理由。当我们走出宏村，爬到附近的山上向下俯视，整个村庄尽收眼底。这时，我们才能找到答案：从村西的河流引来水源，绕过村里每户人家，汇聚到

村子中心的半月形池塘，然后继续前行，流向村南的南湖。整个水系虽是刻意设计，却又仿佛自然天成。这是怎样的一种水系布局呢？

这些高出屋顶的砖墙，像不像一匹匹昂着头的骏马？这叫"马头墙"，具有防火、防盗、防风的作用。

当地村民会告诉你：山是牛头，树是角，屋子是牛身，桥是脚。你看到的水系正是模仿牛的生理构造建成的，所以被称为牛形水系。

这种富有想象力的仿生学设计使小村 900 年来安居乐业，生生不息。

宏村有保存完好的明清民居 140 余幢，其中最著名的是承志堂。承志堂的木雕精美绝伦，栩栩如生。

　　也许你还沉浸在宏村的巧妙设计里，但我们又不得不顺江而下了。在长江下游的苏州，人们干脆把自然搬到了家里。听上去很难想象吧？进几座园林逛逛，你就明白了。

　　拙政园是最典型的中国江南园林。有山水树木、亭台楼阁，仿佛大自然有什么，园林里就造什么。

拙政园

大自然有什么就造什么似乎还不够，最重要的是，通过这些布局，你从哪个角度去看，都是一幅不同的画。

花窗

洞门

设计者匠心独运，用门和窗把风景框起来，形成"框景"，从这个角度看是一幅画，从另外一个角度看又是一幅画。

　　看完了长江沿岸的风景，我们继续向西南走。在广西桂林，我们又回到真山真水里来。

　　如果你了解一些地理知识，对喀斯特地貌应该并不陌生，这种地质现象在世界上并不罕见。不过桂林漓江的风景似乎还是受到了大自然的眷顾，所以有了"桂林山水甲天下"的美誉。

这座山像不像一头正伸长鼻子在江边饮水的大象？没错，它就叫象山。

　　船行在清澈的漓江上，两岸的青山一座座拔地而起，各不相连。它们的形态总让人浮想联翩。

　　在漓江上看鱼鹰捕鱼是另一桩有趣的事。千百年来，鱼鹰一直是漓江渔民的得力助手。即便在黑夜里，也只需一柱灯光就能帮助它们准确地将鱼儿叼起。

　　离开大陆，我们来到中国最大的岛屿——台湾岛。还记得中国的地势是西高东低吗？中国东部地区的海拔大多在 500 米以下，而到了台湾岛上，情况却完全不同了。这里海拔 3000 米以上的高峰超过 260 座，最高峰玉山的海拔比青藏高原上的拉萨市还要高。

在台湾的阿里山，火车带你从海拔 30 米一路上升到 2450 米。

从亚热带的阔叶林到寒带的针叶林，在阿里山都可以找到。

在台湾，水果摊像风景一样不能错过。正如你可以从海拔 30 米一直冲到 2000 多米，不论是温带、亚热带还是热带的水果，几乎都能在岛上找到适宜的落脚地。

台湾街头水果摊的花样如此之多，以至于游客们常常叫不出它们的名字。

　　与台湾岛相比，海南岛则完全是热带风光。南端的三亚是典型的度假城市，蓝天白云，沙滩椰林，一年四季都不缺少度假的游人。最重要的是，中国虽然有着漫长的海岸线，但拥有热带海洋风光的城市却并不多，三亚自然成了很多人度假的首选。

　　古时候，海南岛对人们来说太遥远了，到了这里人们就认为到了"天涯海角"，意思是天的边际、海的尽头。石崖上写的正是"天涯"与"海角"。

海南岛上居住着黎族、苗族等少数民族，黎族的打柴舞热情、欢快，常常吸引住游客的目光。

河北金山岭长城

①	长城	文化遗产 参见 22~23 页。
②	明清皇宫（北京故宫、沈阳故宫）	文化遗产 北京故宫参见 16~18 页。
③	陕西秦始皇陵及兵马俑	文化遗产 参见 19~21 页。
④	甘肃敦煌莫高窟	文化遗产 莫高窟是中国 20 世纪最有价值的文化发现，各类洞窟、塑像、壁画等展示了延续千年的佛教艺术。

湖南武陵源

⑤ 北京周口店北京猿人遗址	文化遗产 这一遗址证实了 50 万年前，北京地区已经有了人类活动。
山东泰山	自然与文化双遗产 参见 46~47 页。
安徽黄山	自然与文化双遗产 参见 62~63 页。
湖南武陵源风景名胜区	自然遗产 独特的地质地貌就像电影《阿凡达》中的仙境一样。
四川九寨沟国家级名胜区	自然遗产 参见 58~59 页。
四川黄龙国家级名胜区	自然遗产 与九寨沟的地貌特征相似，拥有罕见的地表钙华景观，所以才能呈现出奇幻的色彩。

西藏拉萨布达拉宫

---

⑪ 西藏拉萨布达拉宫历史建筑群

文化遗产 包括布达拉宫、大昭寺、罗布林卡，想了解西藏的历史不能不了解布达拉宫。

---

⑫ 河北承德避暑山庄及周围庙宇

文化遗产 避暑山庄建于18世纪，是清朝皇族的夏季行宫。与北京故宫对应，避暑山庄是现存最大的古代帝王宫苑。

---

⑬ 山东曲阜孔庙、孔府及孔林

文化遗产 孔子后代2000多年的家族历史都呈现在这里。孔子参见28~29页。

---

⑭ 湖北武当山古建筑群

文化遗产 集中体现了中国13~19世纪世俗建筑和宗教建筑的艺术成就。

四川乐山大佛

| 🄯 江西庐山风景名胜区 | 文化遗产 充分体现了山水文化在中国历史上的地位，庐山与泰山相似，都是典型的文化名山。 |

⑮ **江西庐山风景名胜区**　文化遗产　充分体现了山水文化在中国历史上的地位，庐山与泰山相似，都是典型的文化名山。

⑯ **四川峨眉山—乐山风景名胜区**　自然与文化双遗产　峨眉山是中国四大佛教名山之一。乐山大佛是世界现存最大的摩崖石像，山与佛完全融合。

⑰ **云南丽江古城**　文化遗产　参见 56~57 页。

⑱ **山西平遥古城**　文化遗产　平遥古城存在的历史有 2800 多年，现在的城区是 14 世纪开始修建的，至今仍保存完整。

北京颐和园

⑲ 江苏苏州古典园林	文化遗产 参见 67~68 页。
⑳ 北京颐和园	文化遗产 颐和园是 18 世纪开始修建的皇家园林。设计者模仿江南园林风格，建造出中国北方的风景园林杰作。
㉑ 北京天坛	文化遗产 北京天坛建于 15 世纪，是古代皇帝祭祀上天、祈求丰收的地方。在天坛，你能真切感受到中国文化中"天人合一"的理念。
㉒ 重庆大足石刻	文化遗产 中国各种宗教思想的摩崖石刻汇聚在这里，蔚为大观。

河南洛阳龙门石窟

㉓ **福建武夷山**	自然与文化双遗产　独特的地貌、古老的物种已经使这里的自然风光独具特色，而大量古代寺庙和书院遗址又体现出文化名山的气质。	
㉔ **四川青城山与都江堰**	文化遗产　青城山是中国道教发源地之一，都江堰是中国古代著名的水利工程。	
㉕ **河南洛阳龙门石窟**	文化遗产　6~10世纪中国石刻艺术的巅峰。	
㉖ **明清皇家陵寝**	文化遗产　从14世纪到20世纪，中国皇帝们精心设计离开人世后的居所，体现了500多年里中国人的世界观与权力观。	

安徽西递古村落

㉗	**安徽古村落：西递、宏村**	文化遗产　西递与宏村相邻，同样具有保存完好的古村落形态和民居建筑。宏村参见64~66页。
㉘	**山西大同云冈石窟**	文化遗产　5~6世纪中国佛教艺术的经典杰作。
㉙	**云南三江并流**	自然遗产　三条大江并行却并不交汇的自然奇观极为罕见。
㉚	**高句丽王城、王陵及贵族墓葬**	文化遗产　一个东北地区少数民族古老政权的墓葬，政权早已消失，但文明却被留存。
㉛	**澳门历史城区**	文化遗产　中西风格的建筑交相辉映，与澳门独特的地理位置密切相关。

广东开平碉楼

㉜	**四川大熊猫栖息地**	自然遗产 除了四川,陕西和甘肃也有大熊猫,不过要说数量和种群最多还是在四川,要看大熊猫还是来四川吧。参见 4~5 页。
㉝	**河南安阳殷墟**	文化遗产 甲骨文、青铜器、玉器、古代历法……3300 多年前的中国人创造的文明在这里充分展现出来。
㉞	**中国南方喀斯特**	自然遗产 中国南方好几个省份都有喀斯特地貌,不过桂林漓江的风景依然是其中最美的。桂林山水参见 69~70 页。
㉟	**广东开平碉楼与村落**	文化遗产 开平碉楼的建筑风格非常丰富,你能从中找到文艺复兴、巴洛克,甚至古罗马、古希腊时期的建筑元素。

福建土楼

36	福建土楼	文化遗产 世界上唯一的山区大型夯土民居建筑。住在土楼里，你可以安心地生活，三个月都不用出门。
37	江西三清山国家公园	自然遗产 黄山很美，有人看过三清山以后，认为可以超过黄山。"百闻不如一见"，对比一下才知道高下。
38	山西五台山	文化遗产 五台山，又一座佛教名山。
39	河南登封"天地之中"历史建筑群	文化遗产 这里除了世界闻名的少林寺，还保留有700多年前的天文台——观星台。
40	中国丹霞	自然遗产 丹，红色的意思；霞，天上的霞光。这种地貌分布在中国南方多个省份，是许多重大地质事件的重要证据。

中国丹霞——江西鹰潭龙虎山

41	**浙江杭州西湖文化景观**	文化遗产 西湖是中国著名的观赏性湖泊，展现了中国景观的美学思想。"上有天堂，下有苏杭"，苏州园林、杭州西湖，对中国人来说，就像符号一样。
42	**内蒙古自治区元上都遗址**	文化遗产 农耕文化与游牧文化的奇妙结合。
43	**云南澄江化石地**	自然遗产 化石群生动再现了 5.3 亿年前海洋生命的壮丽景观。
44	**新疆天山**	自然遗产 天山山脉是准噶尔盆地与塔里木盆地的天然地理分界线，是新疆地理的独特标志。

红河哈尼梯田

㊺	红河哈尼梯田文化景观	文化遗产 红河哈尼梯田是农耕文明的奇观。
㊻	中国大运河	文化遗产 大运河自北向南沟通海河、黄河、淮河、长江、钱塘江五大水系，是世界上开凿最早、规模最大的运河。
㊼	丝绸之路：长安—天山廊道的路网	文化遗产 丝绸之路是连接亚洲、非洲和欧洲的古代陆上贸易道路。列入《世界遗产名录》的丝绸之路项目全长 5000 公里，是古代丝绸之路的一部分。

深入了解中国的世界遗产，可访问联合国教科文组织世界遗产中心
官方网址：http://whc.unesco.org/en/statesparties/cn

关键词索引

meet
China

透过文化细节，认识真实中国